AF404554

Carentan, 24 octobre 1868.

A Messieurs les membres du Conseil municipal de la ville de Carentan.

Messieurs et honorés collègues,

Pendant chacune des années 1866, 1867 et 1868, la ville de Carentan aura fait l'épreuve d'une diminution de 1,400 fr. dans les recettes de sa caisse municipale, soit de 4,200 fr. dont l'emploi en salaires d'ouvriers et en matériaux, eût produit des améliorations aux bâtiments publics et dont le retranchement n'aura profité qu'à un certain nombre d'habitants fort aisés.

Il s'agit de la rétribution scolaire.

Elle a été abolie par un vote de la majorité du Conseil municipal du 5 novembre 1865, non seulement en faveur des propriétaires, rentiers, marchands, fonctionnaires, officiers ministériels et docteurs en médecine, qui pour leurs fils, à *l'école mutuelle* payaient facilement 1 fr. 50 par mois; mais encore en faveur de tous parents de même condition, qui pour une instruction plus étendue, avaient placé leurs enfants moyennant 3 ou 4 fr. par mois; dans l'institution dite *Ecole supérieure*, où s'enseignent jusqu'à un certain dégré diverses sciences et la langue ànglaise.

Cette dernière institution qui était, dans le principe, ce qu'elle devrait être encore aujourd'hui, *un Etablissement d'instruction libre*, qui se fonde sur un pensionnat, qui s'intitule Collège Français, et où s'arrête, comme l'entend son directeur, le programme des études, s'est métamorphosée vers 1852 en Ecole communale, et c'est ainsi qu'on a eu le pouvoir de décider en 1865 que tous les élèves y seraient admis ou conservés gratuitement, celui-ci pour apprendre à lire celui-là pour étudier les mathématiques. D'ailleurs comme la rétribution mensuelle rapportait au directeur environ 1,000 fr., qui lui étaient enlevés, il a bien fallu équitablement lui rendre l'équivalent en élevant à 1,900 fr. l'allocation de 900 fr. que portait à son profit le budget précédent.

Lorsque cette suppression radicale a été emportée n'eût-il pas mieux valu décider. 1° Quant à l'école mutuelle, que l'on ferait en sorte par voie de recherches et d'excitation, qu'il n'y eût pas un seul enfant sans instruction élémentaire dans la commune : Que la liste des admissions gratuites serait libéralement étendue; mais que les parents dont l'aisance était notoire pairaient 1 fr. 50 par mois? C'est ce que je pense. 2° Quant à l'institution dite école supérieure, dont le programme ne comprend ni la lecture ni l'écriture, consacrée à un enseignement plus élevé que celui de l'école mutuelle, il n'y avait, ce me semble qu'à lui continuer sa subvention, et à déterminer modérément le nombre d'enfants doués de dispositions heureuses, sortant de l'école primaire ayant besoin d'une sorte d'adoption municipale, qu'il serait convenable de faire avancer gratuitement. Heureuses nos classes pauvres, de leur sein sortaient chaque année seulement quatre enfants objets de cette sélection, et heureuse la commune si elle avait à voter jusqu'a deux bourses pour les écoles professionnelles.

J'écris dans l'espoir de ramener à cette conception quelques bons esprits qui ont du reconnaître depuis trois ans, qu'une inspiration généreuse mais irréfléchie, n'a pas produit le bien qu'ils attendaient.

Il y a aujourd'hui entre les deux instituteurs une compétition fâcheuse, qui me paraît provenir dans son principe, d'une confusion de genres. Le plus municipal, s'il tend vers un programme trop ambitieux est à contenir. Le plus indépendant est hybride, il couvre son terrain de broussailles, il faut l'essarter. Renvoyez le petit N. à l'école mutuelle. Cet enfant pauvre ne sait pas lire et quand il dit fièrement dans sa naïveté. « Je suis de l'école *supérieure*, mon *professeur* est M. J. » Ne fait-il pas percevoir qu'une légère teinte de ridicule couvre notre tableau ?

J'avoue que je ne peux pas comprendre comment on voit dans la gratuité absolue un principe démocratique. Je n'y trouve qu'un mode de rétribution substitué à un autre. Dans notre cercle laïque, l'enseignement ne peut pas être gratuit; il faut rétribuer ceux qui professent. Qui paiera? C'est la question. La caisse communale pour les pauvres, les riches pour eux-mêmes : voilà un mode. La caisse communale pour les riches comme pour les pauvres, voilà un autre mode, mais il me semble que si celui-ci prévaut c'est au profit des riches et qu'il n'a rien de démocratique du tout. — Qui dit démocratique, veut peut-être dire *égalitaire* ? Hélas, dans notre chère patrie civilisée où la loi édicte pour tous mêmes droits

et même devoirs, on en voit des meilleurs et des plus géné-
reux d'entre nous, qui se laissent encore égarer à la
poursuite de *l'égalité des conditions*, chimère, déce-
vante génératrice de tout abaissement. Ne pouvant éle-
ver personne au rang des parvenus, les sectateurs de
cette égalité tendent à ramener tout le monde au niveau
des prolétaires. N'inclinons pas de ce côté; laissons le
grand courant social, suivre les voies providentielles :
Ne cherchons pas à aigrir les esprits, à accroître par les
ferments de la jalousie les tristesses du déshérité; gar-
dons-nous de cela surtout au seuil de la réparation, au
seuil de l'école où va se puiser avec l'instruction le goût
du travail, où le père indigent se console en disant à son
enfant : courage et tu pourras être plus heureux que
moi.

Entendons M. J. SIMON, ce philosophe moraliste,
grand éducateur des classes ouvrières. Il dit : « Ce
» monde n'est qu'un grand atelier où nous sommes tous
» ouvriers, chacun à notre place. — L'enfant qu'il faut
» plaindre est celui qui n'apprend pas dès le premier
» jour qu'il a une tâche à remplir, tâche petite ou grande,
» obscure ou glorieuse, mais pénible à coup sûr, puis-
» qu'il est homme. — Et s'il se mêle à sa vie employée
» virilement un sentiment doux, une amitié fidèle, un
» devoir patriotique accompli, qu'il remercie Dieu à sa
» mort » (*Revue-des-deux-Mondes*, 15 février 1865) et
il a dit auparavant dans son livre de *l'école* page 275.
« Quand nous demandons un traitement plus équitable
» pour l'instituteur *(le traitement a été élevé)*. C'est
» moins à lui que nous pensons qu'aux enfants pauvres,
» et à la nécessité d'appliquer suivant toute sa vertu ce
» principe désormais acquis passé dans les *lois* et *dans
» les mœurs* que tout enfant qui *ne peut pas payer* l'ins-
» truction élémentaire, a le droit de la recevoir gratis. »

Agissons donc selon *nos lois* et *nos mœurs*, soyons plutôt actifs en bienfaisance, que tranchants en réformes. Il y a partout des riches et des pauvres et aussi entre les deux, des familles sans aisance. Gêne et pauvreté pourraient détourner de l'école ; il ne faut pas que ce soit: Il faut que le pain de l'intelligence soit servi à tous, que pas un seul enfant n'en soit privé... Et dites-moi si la gratuité absolue a servi chez nous depuis 3 ans à étendre le bienfait? non... elle n'a servi à rien.

Les égalitaires ont leur syllogisme ; tout signe de différence dans la position des familles doit, quant aux enfant, être proscrit. Les costumes aujourd'hui attestent ces différences, donc il faudra un jour s'occuper des vêtements.... quand nous en serons là nous verrons, — alors, plus que des blouses, plus que de la bure, adieu aux vestes bleues à petits boutons d'or, adieu aux képis à torsades ; adieu aux jolies robes, aux bonnets brodés, aux mantilles! Charmantes jeunes filles que vos parents habillent si bien, ne redoutez pas cela : Si, ce qu'à Dieu ne plaise, le conseil municipal passe aux niveleurs, nous nous soulèverons, nous ferons une émeute, avec la permission de l'Empereur, bien entendu.

Il est difficile d'égayer ces questions. Rien ne sourit et pourtant il s'agit de l'enfance ! Elle s'épanouit toute seule dans sa liberté, elle a ses sentiments, ses amitiés, sa confraternité, réelle et vive ; nous nous y mêlons pour y chercher notre orgueil et nous flétrissons tout pour tout régir. — C'est déplorable.

Revenons à nos autorités, — car je ne me guide pas seul, j'étudie et je ne tire de valeur que de mes citations.

C'est d'abord, au sein de notre ville, un rapport signé de trois noms des plus honorables, de MM. *Le Marinel, Bottin* et *Mondezert.* J'en extrais ces lignes. « La com- » mission pense que pour rentrer dans le vœu de la loi » qui est de donner l'instruction gratuite aux enfants

» indigents, il convient de faire payer ceux dont les fa-
» milles sont dans une position aisée, car il ne convient
» pas que les fonds de la ville soient employés à payer
» l'instruction des enfants dont les parents ont des mo-
» yens suffisants pour la leur donner. En conséquence
» elle vous propose de percevoir au profit de la ville la
» rétribution mensuelle dans l'école de l'enseignement
» mutuel pour les enfants autres que ceux que le Conseil
» municipal aura admis à l'instruction gratuite. » Dans
la séance du   Mai 1853 les conclusions de la com-
mission furent adoptées. On était sous l'empire de la loi
du 15 mars 1850 qui porte :

Art. 24. L'Enseignement primaire est donné gratuitement à tous les enfants dont les familles sont hors d'état
de payer.

Art. 36. Toute commune a la faculté d'entretenir une
ou plusieurs écoles entièrement gratuites, à la condition
d'y subvenir sur ses propres ressources.

Nous sommes aujourd'hui sous l'empire de la loi du
16 août 1867 qui maintient ces dispositions, en permet-
tant aux communes d'ajouter pour l'enseignement gratuit 4 c. extraordinaires à leurs impôts, déjà accrus de
3 centimes additionnels pour l'instruction élémentaire :
car, remarquez-le bien, ce n'est jamais qu'en grévant les
uns que l'on peut faire cadeau aux autres de ce qu'ils
retirent du service commun.

Ce que j'ai lu des exemples puisés à l'étranger m'a fait
voir une grande diversité de systèmes. La gratuité absolue se trouve bien aux bords de la Baltique, dans la
vieille Prusse ou domine la féodalité. Mais il y a dans
ces pays lointains plus de servitude que de liberté démocratique, et la gratuité n'y est peut-être qu'à l'état d'essai
politique. Aux Etats-Unis, c'est bien la gratuité générale
étendue aux plus hautes études et le professorat le plus
libre qui soit au monde. Mais, mon Dieu, quel rapport y

a-t-il entre nos mœurs et celles de ce peuple ardent et
riche, qui commence, en fondant ses communes, par les
doter de milliers d'acres de terre et qui souscrit par
millions de dollars aux dotations de l'enseignement ?
Aucun. Et nous devons nous préserver d'une imitation
impuissante pour n'agir que dans la mesure de nos
forces.

Enfin, pour revenir chez nous, voici le dernier mot du
ministre de l'Empereur qui a proposé la loi de 1867.
C'est au Sénat, dans la séance du 29 mars.

M. Ch. Dupin. — « Je ne comprends pas qu'on puisse
» voter la gratuité absolue de l'enseignement quand il y
» a des gens riches à côté d'autres qui n'ont rien.
» (Approbation.) Comment ! Voilà des gens qui ont 4 à
» 5 hectares de terre et qui seront dispensés de payer
» des frais d'école pour leurs enfants ! Dans la commune
» dont je suis maire, nous prenons gratuitement dans nos
» écoles les enfants qui sont dans l'impossibilité de
» payer, mais nous faisons parfaitement payer ceux qui
» le peuvent. »

Le Ministre. — « Très bien. »

Mes chers collègues, attirons sur nous cette approba-
tion-là. Rentrons dans nos fonds et affectons-les à des
travaux utiles. Ne nous croyons pas appelés à faire de
l'effet et du bruit par nos résolutions. Effet et bruit ex-
pirent pour nous au pont de Saint-Hilaire. Au-delà c'est
un mirage.

En recherchant comme je le fais les intérêts de la
caisse municipale et de la classe ouvrière, j'ai cette opi-
nion que 9/10 des exonérés qui ont dû accepter le dégrè-
vement ne l'auraient pas demandé. En leur for intérieur
subsistent des sentiments libéraux, des conceptions
d'équité qui les disposent au sacrifice. Ils ont été élevés
dans cette idée qu'ils doivent l'éducation à leurs enfants,
et ce devoir il leur est doux de le remplir, et il y a plus
de dignité pour eux à s'imposer qu'à s'affranchir

Mais dans l'inégalité de charger, ceux-ci payant, ceux-là ne payant pas, les plus susceptibles croient sentir le souffle de l'humiliation ? Quant aux enfants, c'est une inquiétude chimérique. On n'en voit aucun penser à une distinction qui n'a point de signe extérieur. Quant aux parents, voici ma leçon. Un père est là, ouvrier, près de moi. Il sait que je respecte en lui l'honnête homme et il m'a entendu le louer de ce qu'il envoie assidument son enfant à l'école primaire. S'il me dit : « N'est-ce pas une humiliation que de voir mon voisin obligé de payer quand on m'en dispense ? » J'ai bien un sourire pour cette susceptibilité, mais il faut qu'elle se dissipe. Je m'employe alors à faire comprendre à mon attristé qu'en France, dans le grand courant social, dans toutes les carrières, la gratuité se rencontre. Que nos plus nobles officiers voient leurs fils avec bourses et demi-bourses à La Flèche et à Saint-Cyr ; qu'il en est de même à l'école polytechnique et à l'école navale ; qu'il y a, à côté des boursiers, des payants, et que tous confondus... sont l'espoir de la Patrie ; que c'est absolument comme à l'école mutuelle. Alors, un peu confus et doué de sens commun, mon bon ouvrier, qui a été soldat, n'est pas fâché du tout de suivre de loin l'exemple de son colonel, Plus d'humiliation.

Je sais bien que, dans certaines organisations, l'orgueil l'emporte sur le sens commun, l'orgueil, le premier des sept péchés capitaux ! Mais on ne règle pas les affaires publiques pour la satisfaction des orgueilleux et ce qui reste à faire, c'est d'attendre d'une éducation morale et religieuse une plus saine formation de l'esprit des enfants.

§

Je ne crois pas que l'instruction dans Carentan soit supérieure à celle des petites villes qui nous entourent, et je suis porté à admettre qu'elle est au moins égale.

Pour produits pareils, rendons-nous compte des frais de culture. Quelques assertions se rapportant aux écoles de Vernon et de Lisieux m'ont fait solliciter jusque-là des renseignements qui n'ont pas justifié ce que j'ai entendu. Je les utilise, en les faisant entrer pour partie dans la composition du tableau ci-après, où ils serviront à étendre les comparaisons.

Ecoles communales des Garçons (Relevés de 1866)

	Population.	Élèves.	Traitements.
2 à Carentan.......	2,800 (1)	169	4,800 fr.
1 à Isigny........	2,600	180	1,500
1 à Périers.......	2,800	178	2,100
3 à Vernon......,..	7,400	380	3,750
(y compris les frères.)			
2 à Lisieux........	13,000	873	8,800
(y compris les frères.)			

Rapport entre le nombre des élèves et le montant des traitements

Carentan..........	28 fr.	40 par élève.
Isigny...........	8	40 par élève.
Périers..........	11	80 par élève.
Vernon..........	9	85 par élève.
Lisieux.........	10	»» par élève.

Voilà pour Carentan la conséquence de la confusion introduite dans le cadre de l'enseignement, et vous allez voir ce qu'il faut apprécier quant aux produits *exceptionnels* de son école supérieure.

Cette école avec son pensionnat devrait, je le répète, être une institution libre donnant à tous degrés une instruction rétribuée à qui voudrait la demander à son directeur. Subventionnée par 900 fr., comme en 1865, par 1,200 fr. si vous voulez et par son magnifique local, restituée au principe de sa création, sans amalgame, elle poursuivrait sa carrière et, pour prix de nos encou-

(1) Le hameau de Rougeval et son école exceptés.

ragements, ferait surgir peut-être du milieu de nous quelques jeunes hommes de mérite, comme cela s'est vu. Un chapitre à part dans notre budget, portant 900 ou 1,200 fr., attesterait, en se maintenant par les votes annuels, la satisfaction générale, car il faut bien que cette satisfaction subsiste,-aux nuages près.

L'école primaire avec son instituteur et ses deux sous-maîtres suffiront complètement à l'instruction élémentaire de 180 élèves comme à Périers et à Isigny. Ce nombre ne s'atteindra pas d'ici à longtemps, quelque zèle que l'on mette au recrutement. Admettons que, sur 150 élèves probables il y en ait 100 gratuits et 50 payant 1 fr. 50 par mois, la caisse municipale recevra alors 5 ou 600 fr. Nous ressemblerons de ce chef à Isigny, et si nos calculs portent sur l'ensemble des deux établissements, nous n'en verrons plus ressortir qu'un sacrifice de 16 fr. par élève au lieu de 28 fr. 40 : preuve

$$2,100 \text{ fr.} - 500 = 1,600 + 1,200 = 2,800 \div 170 = 16 \text{ fr.}$$

Ne faut-il pas que j'ajoute qu'on a fait admettre, par le Conseil municipal, une division singulière des études de l'école supérieure. On y compte par 1re année, 2e année et 3e année et on y ajoute une classe préparatoire ! Tout cela est *ad libitum*. Sous le dernier titre on range à présent 32 anfants de l'âge de 5 ans à l'âge de 11 ans, alors qu'à 12 ans seulement la préparation aux études *supérieures* devrait commencer, à moins d'une brillante exception — or, voyez comme ces divisions sont remplies. — Combien d'élèves de 3e année ? *un seul* — appartenant à la commune et *trois* venus du dehors. Combien d'élèves de 2e année ? *onze*, dont 8 de la commune et 3 du dehors. Quant à la 1re année, elle ne s'élève pas au-dessus du programme légal de l'école primaire, dont l'instituteur ne fait point défaut. 1re année chez l'un, dernière année chez l'autre offrent, je crois, un équivalent. Tout se réduit donc, pour l'instruction *supérieure*, à 9 enfants de Carentan.

Je ne pense pas qu'il puisse y avoir, dans notre administration, un parti pris de perpétuer onéreusement un pareil état de choses. J'aime mieux compter sur l'unanimité des consciences pour y apporterdes réformes.

§

On ne m'entendra point raisonner *pour affaiblir* les ressources des instituteurs. Je voudrais pouvoir faire le contraire. — A l'école supérieure libre, dotée d'une subvention, je souhaite 30 pensionnaires et 50 externes, qu'obtiennent dit-on les dames Augustines. *L'entreprise* n'a pas à compter avec nous. L'instituteur primaire n'est point dans les mêmes conditions. Il reçoit 1,200 fr. pour lui, et ses deux sous-maîtres se partagent 900 francs. Ajoutez à cela un très léger bénéfice sur 4 ou 5 petits petits pensionnaires (maximum d'une pure tolérance), puis 100 francs de prime pour une classe d'adultes. Voilà de modestes existences. Qu'attend la société de ceux qu'elle rénumère ainsi ? PÈRES DE FAMILLE, écoutez : c'est la voix d'un grand ministre, de M. GUIZOT, — entouré dans les conseils de l'Instruction publique de MM. *Villemain, Cousin, Poisson* et *Thénard*, noms célèbres dans les lettres et dans les sciences, chers aux esprits libéraux. Il veut que les instituteurs se pénètrent de l'esprit de la loi — et il leur écrit le 18 juillet 1833.

« . . . . La société ne saurait rendre à l'insti-
» tuteur communal tout ce qu'il fait pour elle. Il n'y a
» point de fortune à faire, il n'y a guère de renommée
» à acquérir dans les obligations pénibles qu'il accom-
» plit. Destiné à voir sa vie s'écouler dans un travail
» monotone, quelquefois même à éprouver l'ingratitude
» ou l'injustice, il s'attristerait souvent et succomberait
» peut-être s'il ne puisait sa force et son courage ail-
» leurs que dans les perspectives d'un intérêt purement

» matériel. Il faut qu'un sentiment profond de l'impor-
» tance morale de ses travaux le soutienne et l'anime,
» et que l'austère plaisir d'avoir contribué au bien pu-
» blic devienne le digne salaire que lui donne sa cons-
» cience seule. C'est sa gloire de ne prétendre à rien
» au-delà de son obscure et laborieuse condition, de
» travailler pour les hommes et de n'attendre sa récom-
» pense que de Dieu.

» Aussi voit-on que partout où l'enseignement primaire
» a prospéré, une pensée religieuse s'est unie, dans
» ceux qui la répandent, le goût des lumières et de
» l'instruction.

» Vous n'ignorez pas qu'en vous confiant un enfant,
» chaque famille vous demande de lui rendre UN HONNÊTE
» HOMME, et la patrie UN BON CITOYEN. *La foi dans la pro-*
» *vidence, la sainteté du devoir, la soumission à l'auto-*
» *rité paternelle, le respect dû aux lois, au Prince, aux*
» *droits de tous,* tels sont les sentiments que vous vous
» attacherez à développer......

Et en un autre passage, écoutez encore :

« En même temps que l'action de l'État et de l'Église
» est indispensable pour que l'instruction populaire se
» répande et s'établisse solidement, il faut aussi, pour
» que cette instruction soit vraiment bonne et sociale-
» ment utile, quelle soit profondément religieuse, et je
» n'entends pas seulement par là certaines pratiques.
» Un peuple n'est pas élevé religieusement à de si pe-
» tites et si mécaniques conditions. Il faut que les im-
« pressions religieuses y pénètrent de toutes parts. La
» religion n'est pas une étude ou un exercice auquel on
» assigne son lieu et son heure. C'est une foi, une loi
» qui doit se faire sentir constamment et partout, et qui
» n'exerce qu'à ce prix, sur l'âme et la vie, toute sa
» salutaire action. — C'est-à-dire que dans les écoles
» primaires l'influence religieuse doit être habituelle-

» ment présente. Si le prêtre se méfie, si l'instituteur
» se regarde comme rival, non comme auxiliaire la
» valeur morale de l'école est perdue et elle est près
» de devenir un danger. » (Mémoires : t. 3, pages 69,
346 et 348.)

Des surveillances sont d'ailleurs instituées par la loi
pour avertir soit le préfet, soit l'évêque, s'il arrivait
que la division prît sa source dans un zèle outré, dans
une ardeur de domination.

Nous sommes heureux, ici, de ne connaître notre premier pasteur que par sa modération et sa sagesse. Ne
cherchons donc pas à affaiblir son influence, à contra-
rier sa prédilection pour l'école du plus jeune âge. Ne
s'y présente-t-il pas au nom de celui qui a dit : « laissez
» venir à moi les petits enfants, » quand c'est à nous
qu'il revient, n'est-ce pas pour nous répéter ce pré-
cepte divin : « aimez-vous les uns les autres ? »

Je respecte autant que personne la liberté de la pensée. Je la réclamerais vivement, pour moi, si je croyais
en être privé. Je n'entends donc, dans cet écrit, porter
à l'indépendance de qui que soit la moindre atteinte.
Mais autre chose est notre for-intérieur et notre devoir
dans le cercle des affaires publiques. Il faut, avant d'accepter un mandat, se demander si on peut le remplir
loyalement. Je partage, en fait d'écoles primaires, les
sentiments et les doctrines des maîtres que j'invoque,
et j'explique qu'ayant été élu conseiller municipal par
une population catholique, c'est *selon son esprit* que
j'entends la servir.

Il s'agit des enfants, et pour faire valoir tout ce qui
se rapporte à eux, je vais encore emprunter à M. *Th.
Jouffroy*, le brillant disciple de MM. *Cousin* et *Royer
Collard*, les lignes suivantes, extraites de ses mélanges
philosophiques (page 470) :

« Il y a un petit livre qui est le catéchisme et qu'ap-

» prennent les enfants pour y trouver une solution des
» problèmes qui nous troublent et que pose notre phi-
» losophie. Demandez à cet enfant, qui n'a pas pu en-
» core y songer, pourquoi il est ici-bas, ce qu'il devien-
» dra après sa mort : il vous fera une réponse sublime,
» qu'il ne comprend pas, mais qui n'en est pas moins
» admirable. Demandez-lui comment le monde a été
» créé et a quelle fin, il le sait. Origine du monde, ori-
» gine de l'espèce, question de races, destinée de
» l'homme en cette vie et en l'autre, rapport de
» l'homme avec Dieu, devoirs de l'homme envers ses
» semblables, droits de l'homme sur la création... Il
» n'ignore de rien et quand il sera grand, il n'hésitera pas
» davantage sur le droit politique, sur le droit naturel,
» sur le droit des gens, car tout cela sort, tout cela
» découle avec clarté et comme de soi-même, du chris-
» tianisme. Voilà ce que j'appelle une grande religion.
» Je la reconnais à ce signe qu'elle ne laisse sans ré-
» ponse aucune des questions qui intéressent l'huma-
» nité. »

Et maintenant, soyez indulgents pour le solitaire qui
n'a eu l'honneur de devenir votre collègue qu'après avoir
lu ceci :

« Le gouvernement d'une ville auquel un citoyen
» prend part en se rendant utile et profitable au public
» est, à la vérité, un beau sépulcre pour y être, en tel
» exercice, honorablement inhumé.
Plutarque. De ce qui convient aux vieillards, T. 15, p. 200, § 2.

A tous,

respect,

BELIN.

Imp. Bedelfontaine et Syffert.

9 782019 223076